AF459988

VENTE

des

15 et 16 Décembre 1899

à deux heures

HOTEL DROUOT

Salle n° 1

Collection F. CASTANIÉ

Me Gustave COULON

COMMISSAIRE-PRISEUR

M. BOICHARD

EXPERT

17169. — Lib.-Imp. réunies, 7, rue Saint-Benoît, Paris.

Collection F. Castanié

CATALOGUE

DES

Tenues, Armes, Buffleteries,
Schakos, Casques, Coiffures, Sabretaches,
Selle, Schabraque, Armes d'honneur,
Aquarelles,
Portraits, Tableaux, Dessins

des

Armées royale, républicaine, impériale

1789 — 1815

DONT LA VENTE AURA LIEU

HOTEL DROUOT, Salle N° 1

Les Vendredi 15, Samedi 16 Décembre 1899

et jours suivants s'il y a lieu

à 2 heures de relevée

EXPOSITION LE JEUDI 14 DÉCEMBRE 1899

de 2 heures à 5 heures et demie

Me Gustave COULON, Commissaire-priseur
12, rue de la Victoire, 12
Assisté de M. BOICHARD, Expert
52, rue de Douai, 52

1899

AVIS IMPORTANT

et

CONDITIONS DE LA VENTE

Elle sera faite au comptant.

Les acquéreurs payeront 5 pour 100 en plus du prix d'adjudication.

L'exposition ayant permis au public de se rendre compte de la nature et de l'état des objets exposés, il ne sera admis aucune réclamation une fois l'adjudication prononcée.

Le présent Catalogue se distribue à Paris, chez **Me Gustave COULON,** commissaire-priseur, 12, rue de la Victoire, et chez **M. BOICHARD,** expert, 52, rue de Douai.

Pour voir les objets mentionnés au présent Catalogue avant l'exposition publique, les amateurs sont priés de s'adresser soit à **Me Gustave COULON**, commissaire-priseur, soit à **M. BOICHARD**, expert.

COIFFURES

INFANTERIE

---

1 — Schako de troupe. — 1er de Ligne.

Compagnie de Voltigeurs. Plaque à l'aigle, cor de chasse avec le n° 1. Rosettes à grenades et cors de chasse.

Pompon lentille rouge, mouche blanche avec le n° 3.

2 — Schako de troupe. — 2e de Ligne.

Plaque en losange, n° 2. Pompon rouge et jaune, houppette.

Épaulettes rouges et jaunes.

Le tout ayant appartenu à Jean-François Desvignes.

Campagnes de 1813-1814.

3 — Schako de troupe. — 3e de Ligne.

L'écusson de la plaque porte le n° 3 et paraît être argenté. Lentille rouge.

4 — Schako de troupe. — 21e de Ligne.

Plaque à l'aigle, jugulaires de cuivre.

A l'intérieur, au bas du feutre, et attachée sous le bourdalou, est une basane dite *couvre-nuque*, à l'extrémité de laquelle se trouvaient deux cordons destinés à l'arrêter sous le cou du soldat.

1809-1812.

5 — Schako d'officier, du 28e de Ligne.

Au tour du haut un velours bordé de deux baguettes d'or et brodé d'une course de ronds d'or, plaque et torsades dorées. Même velours et mêmes bordés d'or autour du bas. Visière cerclée et dorée.

6 — Schako de troupe. — 37e de Ligne.

Cordonnet blanc, pompon rouge en boule.

7 — Schako de troupe. — 64e de Ligne.

Plaque en losange.

8 — Schako d'officier du 66e de Ligne.

Plaque, mentonnières, rosettes dorées. Visière cerclée de cuivre. Pompon en lentille, laine rouge, mouche rouge avec le no 4 bordé et brodé à paillettes.

9 — Schako de troupe. — 111e de Ligne.

Pompon à lentille rouge, mouche blanche avec le no 4.

10 — Schako de troupe. — 117e de Ligne.

Pompon rouge.

11 — Schako d'officier du 130e de Ligne.

Velours aux tours du haut et du bas.

Jugulaires en velours avec des anneaux dorés, boutons à grenade.

La plaque présente la particularité de 1814 : l'aigle coupé au-dessus des foudres.

12 — Schako de troupe.

Plaque en fer-blanc, grenade dans l'écusson.

13 — Schako d'officier de Grenadiers du 2e de Ligne.

Grenades à la plaque et aux rosettes. Galon d'or posé sur velours au tour du haut, velours au tour du bas. A l'intérieur, *l'étiquette de Crosse, fabricànt de chapeaux à Metz.*

14 — Schako de Grenadier. — Modèle 1811.

Plaque du 88e de Ligne, jugulaires de cuivre. Galons et chevrons rouges.

COIFFURES

INFANTERIE LÉGÈRE

---

15 — Schako de troupe. — 1er d'Infanterie légère.

Plaque et jugulaires de fer-blanc. La cocarde manque.

16 — Schako de troupe. — 6e d'Infanterie légère.

Plaque en fer-blanc. L'aigle a été coupé sur la plaque. Boutons au cor de chasse. 1814.

17 — Schako de troupe. — 24e d'Infanterie légère.

Plaque, jugulaires, rosettes en fer-blanc. Cocarde en fer-blanc.

18 — Schako de Carabinier d'infanterie légère. — 6ᵉ régiment.

Plaque coupée. — 1814.
Jugulaires en fer-blanc, grenades dans les rosaces.

19 — Schako d'officier (ou de sous-officier) de Voltigeurs du 53ᵉ de Ligne.

Plaque à 3 cors de chasse. Pompon jaune.

20 — Bonnet à poils de Grenadier. — Révolution.

Les poils ont disparu. Plaque de cuivre avec la grenade et l'inscription : *Vivre libre ou mourir* » ; porte-plumet, serre-tête, sommet, tout à fait décolorés, le sommet traversé d'une croix en galon de laine blanche.

Haut., 0^{m},37.

21 — Schako des Douanes impériales.

Plaque en fer, un œil rayonnant au centre. Pompon rouge et blanc, en forme de bouchon.

22 — Schako d'élève de l'École Polytechnique.

Tour du haut en velours bordé de deux galons d'or. Ganse d'or. Lentille rouge. Bouton de l'Ecole royale.

Après Waterloo, les élèves furent licenciés et, à la réouverture de l'Ecole, on ne porta plus que le chapeau.

23 — Un fût de schako d'infanterie.

24 — Fût de schako de troupe.

Sans plaque, ni jugulaires.

Forme très ancienne, chevrons latéraux en cuir.

25 — Un fût de schako Infanterie.

26 — Un fût de schako Infanterie.

27 — Un fût de schako Infanterie.

COIFFURES

GARDE IMPÉRIALE

---

28 — Schako d'officier de la Jeune Garde (fusiliers, grenadiers et conscrits-grenadiers).

Garni au tour du haut d'un velours noir brodé en or d'étoiles d'or, de bords et de dents d'or. Le tour du bas entre une double baguette d'or. Visière garnie d'un cercle doré. Aigle et jugulaires dorés, boutons à grenade. Petite torsade en or et petit bouton à l'aigle sur la cocarde.

Plumet rouge sortant d'une tulipe en or, brodée à paillettes.

29 — Schako d'officier de la Jeune Garde (fusiliers, tirailleurs, conscrits et

flanqueurs, attachés aux chasseurs à pied de la Vieille Garde).

Garni au tour du haut d'un velours noir brodé en or d'une branche de laurier, de bords et de dents d'or. Le tour du bas en cuir verni piqué d'un double fil d'or. Aigle, jugulaires, torsade, dorés.

Plumet rouge et vert, tulipe d'or.

30 — Schako de troupe.

Plaque de la Jeune Garde.

31 — Bonnet de Grenadier de la Garde Impériale.

En poils de chèvre. Calotte rouge à grenade de fils blancs. Cordonnet blanc et raquette. Plaque à l'aigle.

Haut., 0^{m},00.

32 — Bonnet de Grenadier.

En poils de chèvre montés et cousus par rangs successifs jusqu'au sommet.

Calotte rouge, grenade blanche.

Grande plaque au soleil rayonnant et à l'aigle couronné. Au sommet, un passant de cordon.

Haut., 0^{m},33 environ.

33 — Schako de Marin de la Garde Impériale.

Feutre bordé de deux ganses aurore, double cordonnet à raquettes aurore ; plaque de cuivre à l'aigle contre une ancre sur les flots. Double cordon latéral retenu au bas par un bouton de cuivre. Mentonnière de cuir verni.

A l'intérieur, l'étiquette du fabricant : *Chardon, fournisseur de la Garde impériale.*

Ce schako appartient à la tenue complète de Marin de la Garde, cataloguée sous le n° 107.

COIFFURES

CAVALERIE

34 — Colback d'officier de cavalerie légère Premier Empire.

Les pièces de fourrure ont été cousues de manière à présenter le poil dans le sens de la hauteur. Le dessus est couvert de drap rouge plissé et fixé au centre par un large bouton d'argent brodé. Un cordonnet d'argent à raquettes et à glands traverse le devant du colback et fournit une grosse tresse à l'arrière.

Au sommet du front, un pompon en torsades d'argent, demi-sphérique.

Haut., 0m,25. Larg., 0m,25.

35 — Hussards. — Schako d'officier.

Entièrement recouvert de *drap rouge.* Galons argent, en X au tour du haut, en fer de lance sur les côtés (chevrons marquant le grave), en bordure partout. Quatre têtes de lion, dont trois porte-crochets; chaînette argent, cocarde tricolore bordée argent, soutenue par une large ganse plate traversée longitudinalement de soie noire.

Haut., 0^{m},21. Diam. de la calotte, 0^{m},24.

36 — Schako d'officier.

Forme *cylindrique*. Fût recouvert de *drap rouge*, sauf à l'arrière et sur la visière. Large galon or en haut; brodé d'or à la naissance de la visiére et autour du couvre-nuque, qui est en cuir verni et fixe. Ganse à six brins d'or, têtes de lion, chaînette, attente de fourragère et boutons d'or. L'intérieur garni en toile est consolidé par des cercles de bois. Visière en cuir noir.

(Paraît avoir appartenu à M. Desbats, capitaine adjudant-major aux hussards de Berry en 1814, passé au 4e hussards aux Cent-Jours et porté disparu à Waterloo).

Haut., 0^{m},25. Diam., 0^{m},21.

37 — Schako d'officier.

Entièrement recouvert de drap *écarlate*. Au tour du haut, galon argent étroit posé sur une courante de petits ronds enlacés; galons à la visière, ganse à six brins et bouton argent. La chaînette argent posée sur une mentonnière de drap du fond est portée par trois têtes de lion et accrochée à l'arrière. Forme générale du fût très élevée, transition de la forme tronconique à la forme cylindrique.

Haut., 0^{m},24. Diam., 0^{m},23.

38 — Schako d'officier supérieur.

Recouvert en *drap écarlate*, sauf à la calotte qui est en cuir verni. Galons d'or, doubles au tour du haut dont l'un très large ; trois à la visière dont un en bordé. Ganse de cocarde à six brins d'or ; chaînette et trois têtes de lion or.

Haut., 0m,22. Diam., 0m,22.

39 — Schako d'officier du 8e Hussards.

Entièrement recouvert en *drap vert clair*. Large galon argent en haut, d'autres plus étroits à la visière et au tour du bas. Ganse à six brins d'argent. Cocarde soie et argent, le bleu au plus grand cercle. Chaînette, bouton, trois têtes de lion en argent.

Haut., 0m,20. Diam., 0m,21.

40 — Schako d'officier.

Entièrement recouvert de *drap bleu de ciel*. Galons argent ; deux au tour du bas, d'égale largeur ; deux au tour du haut dont le plus élevé très large et brodé et l'autre très étroit replié et cousu en N. Visière bordée, serre-tête simulé, cordonnet double à l'arrière formant attente pour fourragère. Ganse de cocarde à six brins et bouton grelot, cocarde, chaînette à double maillon, trois têtes de lion. Gros pompon en demi-boule. Coiffe en cuir bordée d'or et garnie soie.

Haut., 0m,21. Diam., 0m,25.

41 — Schako d'officier de Hussards.

Entièrement recouvert de *drap rouge ;* double galon argent au tour du haut; galon étroit au tour dù bas et à la visière. Ganse à six brins et pompon demi-sphérique en argent; chaînette et têtes de lion.

Haut., 0m,21. Diam., 0m,22.

42 — Schako de colonel du 1er Chasseurs à cheval.

Fût en cuir recouvert de drap *vert foncé;* double galon autour du haut, du bas, et de la visière. Plaque entièrement brodée en argent représentant un aigle couronné, un cor de chasse et le n° 1. Ganse, chaînette et tête de lion. Grand couvre-nuque en cuir.

43 — Schako d'officier de Chasseurs à cheval.

Entièrement recouvert en drap *vert foncé;* galons repliés en N entre deux galons pareils, au tour du haut. Tour du bas, visière et couvre-nuque bordés du même galon. Têtes de lion et chaînette argent; ganse plate rayée de soie noire maintenant la cocarde. Pompon demi-sphérique argent. Couvre-nuque en drap vert *pouvant se rabattre.*

44 — Schako d'officier du 7e Hussards.

Entièrement recouvert de drap *vert pistache*. Large galon d'or au tour du haut; visière et tour du bas à galon d'or étroit. Ganse d'or double, avec bouton et tête de lion d'or pour fixer la cocarde et supporter la chaînette. Couvre-nuque en cuir noir formant demi-cercle.

45 — Schako de troupe.

Corps du schako en cuir recouvert de drap rouge, bordé d'un galon blanc, visière en cuir cerclée de cuivre ; étoile à crochet en arrière au tour du haut. Plaque de cuivre au nº 4 dont l'aigle a été coupé (1814).

46 — Schako d'officier : Garde d'honneur.

Corps du schako en drap *rouge*, galons argent ; calotte en cuir verni, visière en cuir verni, gaufrée, bordée d'un cercle d'argent ; plaque, ganse, bouton, têtes de lion, chaînette et large cordonnet à raquette et glands argentés. Plumet vert et rouge, olive argent.

Haut., 0m,21. Diam., 0m,25.

47 — Schako à flamme, 7e Hussards.

Corps du schako en cuir recouvert de feutre. Calotte en cuir de vache ciré. Au bas du feutre, un bourdalou uni avec serre-tête, et sous la boucle un faux-gousset. Visière en cuir et bordée, droite. Autour du fût s'enroule une flamme de drap vert ornée d'anneaux allongés en soutache jaune, bordée et terminée par un gland jaune; porte-plumet à gauche.

Révolution et Consulat.

Haut., 0m,22. Diam., 0m,21.

48 — Schako d'officier du 8e Hussards.

Entièrement recouvert de drap *vert pomme*. Galon argent au tour du haut, plus étroit au tour inférieur et à la visière; triple ganse argent avec bouton et tête de lion pour fixer la cocarde et supporter la chaînette.

Haut., 0m,21. Diam., 0m,21.

49 — Schako de troupe. — 10e Chasseurs à cheval.

Corps du schako en feutre noir; calotte en vache vernie; visière gaufrée. Plaque fer-blanc, en losange, timbrée d'uu cor de chasse et du n° 10. Jugulaires à écailles, boutons avec un cor de chasse. Chevrons de cuir sur les côtés. Cocarde en étoffe. Pompon et plumet en laine verte. Antérieur à 1809.

50 — Schako de troupe. — Cavalerie légère.

Feutre noir, calotte en vache noire; plaque en fer-blanc n° 4; bourdalou et serre-tête. La visière a été cerclée.

Haut., 0m,20. Larg., 0m,.24

51 — Schapska de Lancier rouge. — Garde Impériale.

En drap écarlate cannelé sur les quatre faces, fileté de jaune. Large galon jaune, légèrement bordé de velours noir. Plaque de cuivre en soleil à l'écusson argenté portant l'N couronné. Grande cocarde de laine, tricolore; gousset à plumet s'ouvrant dans l'échancrure de la cocarde et sur une face latérale. Têtes de lion, chaîneton, garniture de visière, en cuivre.

52 — Schapska de Lancier rouge. — Garde Impériale.

En drap écarlate cannelé sur les quatre faces, fileté de jaune. Galon jaune légèrement bordé de velours noir près du cuir du turban. Plaque de cuivre en soleil portant un écusson argenté à l'N couronné. Gousset à plumet s'ouvrant sur le sommet. Têtes de lion, chaîneton, garniture de visière, en cuivre.

Cordonnet de laine jaune, noué en passant, terminé par un gland d'où s'échappent deux raquettes allongées et deux glands. Longueur du cordonnet : $4^{m},50$ environ.

53 — Schapska de Chevau-Léger polonais. — Garde Impériale.

En drap *cramoisi;* quatre filets de galon blanc se croisant sur le sommet, le pourtour et le long des angles pareillement filetés. Un large galon de laine blanche entre les faces et le turban de cuir. Pointes en cuivre aplaties, la gauche à crochet, la postérieure à anneau. Plaque de cuivre au soleil, portant une plaque argentée plus petite à l'N. Visière oblique, bordée de cuivre, argentée et fixée par deux boutons; deux têtes de lion pour le chaîneton de cuivre. Cocarde tricolore (le rouge au centre) portant la croix polonaise traversée d'une autre croix de laine aurore. Gousset de plumet sur la face supérieure.

A l'intérieur, sur le fond de la doublure de toile, se voit un timbre noir, à l'aigle, au millésime : 1808.

54 — Schapska d'officier de Chevau-Légers polonais de la Garde impériale.

Cannelures recouvertes en drap *cramoisi*, filetées d'un petit galon d'argent, fixées aux angles par quatre petites têtes de lion argentées. Large galon à la polonaise au-dessus du turban de cuir. Plaque au soleil dorée avec un écusson argenté portant l' N et la couronne impériale dorés. Chaîneton d'argent, visière vernie et gaufrée à dents, garnie de cuivre argenté. Cocarde tricolore à croix d'argent. Doublure intérieure en basane vernie, dentelée, bordée d'or et garnie de soie verte.

Haut., $0^{m},24$.

55 — Schapska d'officier de Chevau-Légers lanciers polonais de la Ligne (7e et 8e régiments, 1812).

Cannelures en drap bleu clair, serties aux faces et aux angles par quatre filets d'argent fixés aux coins par des feuilles d'acanthe repliées et dorées. Large galon d'argent à la polonaise bordé en festons. Turban de cuir noir, recouvert à l'arrière par un grand couvre-nuque simulé en cuir verni. Le tour du couvre-nuque, la naissance et le dessus inférieur de la visière, bordés d'un large dessin de fils d'argent, garnis à l'extérieur d'une étroite basane. Plaque au soleil, N, couronne impériale, chaîneton richement dorés. Pompon rouge, demi-sphérique, à croix d'argent. A l'intérieur, doublure jaune.

Haut., 0[m],29.

56 — Schapska de Chevau-Légers lanciers polonais de la Ligne (7e et 8e régiments, 1812).

Cannelures en drap bleu, filets de laine jaune, galon pareil. Plaque au soleil en cuivre avec écusson à l'aigle ; têtes de lion, feuilles aux coins supérieurs, chaîneton, garniture de la visière, également en cuivre.

PLUMETS

57 — Plumets, de plume ou de crin, rouges, verts, verts et rouges, bleus, noirs, de toute dimension, la plupart dans leurs pompons, olives ou jacinthes d'or et d'argent à paillettes ou filetés, de soie ou de laine multicolore.

CHAPEAUX

---

58 — Chapeau tricorne.

Révolution.

59 — Un chapeau d'officier d'Infanterie de Ligne.

Campagne de 1805.

Haut., $0^m,18$; entre les deux cornes, $0^m,45$.

60 — Chapeau d'officier d'Infanterie.

61 — Chapeau d'officier de Cavalerie légère.

De forme très élevée. Torsades et boutons argent.

62 — Chapeau d'officier, de la forme dite *claque*.

En feutre noir, bordé d'un galon de soie noire. La tresse, le bouton et la jugulaire sont en soie noire.

Plumet rouge et vert. Haut., 0m,55.

Long. du chapeau entre les deux cornes, 0m,54; haut., 0m,30.

63 — Chapeau d'officier du 29e de Ligne.

Torsade or, bouton timbré 29.

Fin Révolution ou commencement de l'Empire.

Haut., 0m,21 ; entre les deux cornes, 0m,47.

64 — Chapeau de Cavalerie. Révolution.

Feutre noir recouvert de toile cirée. Bouton de cuivre et ganse double. Plumet bas, rouge au sommet, bleu à la base, plumes retombantes. Le gousset à plumet est rompu; les attentes des agrafes de l'aile postérieure manquent.

Haut. du devant, 0m,14; entre les deux cornes, 0m,52.

65 — Claque d'officier.

A l'intérieur: ***Au chapeau impérial. David, à Dunkerque.***

66 — Chapeau d'officier de Chasseurs à cheval de la Garde Impériale.

Garni de doubles cordonnets d'or.

67 — Chapeau d'officier d'Infanterie de ligne. Premier Empire.

Ganses dorées.

68 — Chapeau d'officier.

Garni de torsades d'or.

69 — Chapeau de petite tenue de Grenadier à pied de la Garde.

Garni de galons aurore ; floches rouges ; pompon rouge en forme de pomme de pin.

69 *bis* — Chapeau d'officier supérieur de Hussards ou d'État-major.

Torsades or, boutons dorés.

CASQUES

---

70 — Casque d'officier de Chevau-Légers lanciers français, 1812.

Casque de cuivre doré, bombe à la Minerve; faces latérales du cimier décorées de feuilles d'acanthe; à l'avant, tête de Méduse et lances croisées. Peau de tigre sur le turban, la visière et le couvre-nuque; jugulaires à écailles, boutons à étoile. A l'intérieur, basane formant couvre-nuque et serre-tête, garnie de soie noire.

Chenille de crins noirs.

71 — Casque de Chevau-Légers lanciers français, 2e régiment.

Casque de cuivre, bombe ronde; à l'avant du cimier, une tête de Méduse, deux lances croisées et le chiffre 2. Peau de tigre en turban. Visière en cuir bordée de cuivre. Jugulaires à écailles terminées par un lacet, boutons à étoile. Couvre-nuque en cuir, presque horizontal et très court.

Chenille de crins noirs.

72 — Casque de Dragon, troupe.

Bombe de cuivre, de forme ronde. Feuilles d'acanthe et Méduse au cimier. Houppette de fil bleu et blanc. Crinière noire s'épandant des deux côtés dès le sommet du cimier et séparée par une grosse tresse de laine bleue. Jugulaires à écailles, boutons à rosaces. Visière mobile.

73 — Casque de Dragon. — Garde Impériale.

Bombe à la Minerve. Cimier très large et très haut, face antérieure (0m,065 de larg.) à l'aigle couronné ; couvre-cimier en cuivre. La queue de crin partant du cimier à quelques centimètres au-dessus du turban. Houppette en cuivre, crins noirs. Jugulaires à écailles de cuivre, boutons étoilés ; la visière manque.

74 — Casque d'officier de Dragons de la Ligne.

Casque de cuivre, à la Minerve. Cimier décoré de feuilles d'acanthe, d'une tête de Méduse et de lauriers. Houppette de cuivre garnie de crins noirs. Peau de tigre au turban, à la visière, au couvre-nuque. Crinière noire, se divisant dès le sommet. Jugulaires à écailles retenues par des rosaces de cuivre ; celle de gauche est rompue. A l'intérieur, basane de cuir portant serre-tête.

Dernières années de l'Empire.

75 — Casque d'officier du Génie de la Garde Impériale.

Bombe argentée ; aigle éployé, doré ; cimier doré ; chenille noire.

Après 1810.

76 — Casque de Carabinier.

Bombe en cuivre, portant un bandeau de cuivre argenté ; jugulaires à écailles de fer-blanc, boutons au soleil avec au centre une étoile de cuivre. Cimier très étroit, portant une chenille rouge. Couvre-nuque en cuivre, légèrement retroussé.

77 — Casque d'officier supérieur du 1er Cuirassiers.

Bombe argentée, cimier or, sur une petite cuirasse argent, à la face antérieure, le chiffre 1. Visière de cuir cerclée de cuivre. Bandeau d'ours, crinière noire divisée par une natte d'or, houppette d'or.

HABITS

INFANTERIE DE BATAILLE — GARDE IMPÉRIALE — ARTILLERIE

---

78 — Habit de soldat. — Révolution. — 85e Demi-Brigade.

Drap bleu national. Revers de drap blanc doublé du fond. Doublure blanche. Retroussis à agrafes. Parements ronds, en drap écarlate, pattes carrées à trois boutonnières, passepoil blanc. Passants d'épaules bleus lisérés d'écarlate.

79 — Habit d'officier des *Volontaires de Dunkerque*. — Révolution.

Entièrement en soie. Corps de l'habit en soie bleu de France; collet en soie rouge, bordé de soie blanche. Revers en soie blanche, très étroits et longs, lisérés de soie rouge, même passepoil autour des poches, dans les tailles des basques, aux retroussis. Basques doublées en soie blanche, formant retroussis à l'aide de deux agrafes et ornés de quatre fleurs de lis. Parements carrés, ouverts, en soie blanche, à trois boutons. Attentes d'épaulettes or et paillettes sur bride de soie rouge. Neuf gros boutons et vingt petits, portant des armes et la devise : VOLONTAIRES DE DUNKERQUE.

Début de la Révolution.

80 — Habit d'officier d'Infanterie de ligne. — 31e régiment.

Habit de drap bleu, collet bleu, revers bleus, retroussis bleus. Revers carrés et droits à sept boutons, parements en pointe; passepoil rouge aux revers, collet, poches, retroussis et parements.

Les revers se déboutonnent et se croisent (Voir le portrait d'officier supérieur du 133e de Ligne).

81 — Habit d'officier du 21e régiment d'Infanterie légère.

En drap bleu, collet jaune, revers bleus, taillés en pointe, lisérés de blanc; retroussis, poches, plis, parements (bleus et à pointe) bordés d'un passepoil blanc. Cors de chasse et grenades aux retroussis.

Coupe 1812.

82 — Habit d'officier de Grenadiers. — 56e régiment.

Habit bleu, collet écarlate liséré de bleu, revers blancs, carrés et droits, passepoils écarlates; retroussis des basques blancs et commençant au-dessous des revers; poches en long; parements écarlates, ronds; pattes bleues et carrées.

1812.

83 — Habit d'officier d'Infanterie de ligne.

Habit bleu, collet écarlate, liséré de blanc; revers blancs, carrés et droits, passepoil écarlate; retroussis blancs, basques arrondies, parements écarlates, pattes blanches.

Les boutons manquent.

1812.

84 — Habit d'officier supérieur d'Infanterie.

Habit bleu, doublure en soie blanche, collet rouge liséré de blanc; revers blancs, carrés et droits, lisérés de rouge; attentes d'épaulettes or, à grosse broderie. Les revers présentent cette particularité très remarquable que, déboutonnés et croisés revers blanc contre revers blanc, le devant de l'habit forme un plastron bleu dessiné par des passepoils rouges qui encadrent les petits boutons, figurent un haut de revers à trois pointes et bordent complètement le bas du devant. Parements rouges, pattes bleues; retroussis blancs, quatre grenades or.

Cet habit tient le milieu, à propos des revers, entre les habits à revers blancs et l'habit à revers entièrement bleu et en reproduit les deux aspects.

85 — Surtout d'officier d'Infanterie de ligne. — 9e régiment.

Habit entièrement bleu, sans aucun passepoil, boutonnant droit par neuf gros boutons; quatre grenades d'or aux retroussis ; basques très longues, poches dans les plis; parements ronds à deux boutons. Boutons et attentes d'épaulettes.

86 — Habit d'officier d'Infanterie de ligne. — 31e régiment.

Habitbleu, collet rouge, revers blancs, coupés carré. Les basques sont très étroites, formant échancrure avec le devant de l'habit. Le passepoil rouge figurant les poches est très allongé, le bouton du bas passe sur le retroussés; grenades d'or. *Le revers gauche de cet habit présente deux attentes de décorations qui se retrouvent, en même place, sur le fond de l'habit, derrière ce revers, et indiquent ainsi qu'il s'est porté croisé, formant devant tout bleu, sans passepoil figurant un cadre comme pour l'habit du 12e.*

1812.

87 — **Habit d'officier de Voltigeurs. — 84e régiment d'Infanterie de ligne.**

Habit bleu, collet jaune, revers blancs, passepoils rouges, retroussis blancs avec deux grenades et deux cors de chasse, poches intérieures.

1812.

88 — **Habit du 3e d'Artillerie à pied.**

Drap bleu, revers bleus liserés d'écarlate. Pattes d'oie aux épaules retenues par un bouton, passepoil écarlate. Retroussis de serge écarlate, à agrafes, découvrant quatre grenades de drap bleu. Parements ronds, écarlates, pattes écarlates, carrées, à quatre boutons.

89 — **Capote, habit, épaulettes, bonnet d'oursin, plumet, pompon, guêtres blanches, gilet, veste, pantalon blanc, gants blancs, sabre, dragonne et porte-sabre, ayant appartenu à SIMPLET, *Grenadier à pied, 1er battallon* (sic); *2e, puis 1re compagnie.***

Cette inscription se trouve sur la doublure de toile de l'habit; la capote, suivant une indication analogue, a aussi appartenu au Grenadier HAY, *G.*, *1er bataillon*, *2e compagnie.*

Capote en drap bleu, à deux rangs de boutons, sept sur chaque côté, deux contre le collet, deux boutons au haut des plis des basques, deux autres aux soubises des poches.

Habit bleu, collet bleu, revers blancs, parements écarlates, pattes blanches, doublure écarlate, retroussée à plat, garnie de quatre grenades de laine aurore, poches figurées en long. Deux poches dans la doublure du côté gauche, une à droite.

Pantalon blanc, à pont, boutons d'étoffe.

Guêtres blanches à vingt-deux petits boutons de fil blanc, montant au-dessus du genou, sous-pieds de toile.

Gilet blanc croisé, à deux rangs de onze boutons blancs, collet droit.

Gilet blanc boutonnant droit, neuf boutons blancs, collet droit.

Gilet de cadis (?) blanc, croisé, huit boutons.

Veste de toile blanche, à manches, collet droit, six boutons.

Gants de peau, blancs, retroussés, piqués de soie bleu céleste.

Sabre particulier aux Grenadiers à pied de la Garde.

Baudrier de sabre particulier aux Grenadiers à pied de la Garde.

Dragonne de cuir blanc, à gland rouge.

Bonnet à poils, plaque à l'aigle en cuivre.

Pompon long, en *soie* rouge.

90 — Jeune Garde. — Habit de Tirailleur. — Grenadier.

Habit-veste de drap bleu impérial, revers coupés carrément, à trois pointes, liserés de blanc. Collet rouge liséré de bleu. Petits parements rouges en pointe, liséré blanc. Retroussis rouges, même liséré blanc. Poches figurées par un passepoil blanc. Pattes d'oie bleues, liséré blanc prenant naissance dans les plis. Ne présente pas de boutonnières aux revers.

91 — Jeune Garde. — Habit de Voltigeur.

Drap bleu. Revers bleus, carrés et droits. Collet jaune chamois (depuis 1810). Passepoil blanc encadrant les revers. Parements écarlates, en pointe, passepoil blanc. Tours des poches figurés à trois pointes en haut par même passepoil blanc, qui entoure également, dans les plis des tailles, les pattes d'oie de drap bleu. Attentes d'épaulettes en galon vert.

Boutons de cuivre, à l'aigle.

92 — Habit d'officier de Grenadiers à pied de la Garde Impériale.

Habit bleu, collet bleu, parements rouges, patte blanche à trois pointes. Poches dans les plis des basques.

DOLMANS — PELISSES — KURTKA HABITS DE CAVALERIE

---

93 — Frac ou surtout d'officier de Chasseurs à pied de la Garde Impériale.

Habit en drap bleu impérial, sans revers, boutonnant droit par neuf boutons ; parements bleus et en pointe ; doublure en drap écarlate ; retroussis écarlates avec deux grenades et deux cors de chasse. Brides d'épaulettes d'officier supérieur.

94 — Dolman de capitaine du 12e Hussards. — Révolution.

En drap brun marron, parements bleu céleste, tresses rondes argent, quatre-vingt-dix boutons argent sur cinq rangs. Galons d'argent au collet, aux tailles, aux poches, en bordure partout. Trois galons de grade aux manches, qui sont ouvertes et à agrafes.

Doublure en soie verte.

95 — Habit d'officier de cavalerie légère. — Tenue de ville.

Drap vert. Revers coupé à la chasseur, en drap blanc, liséré de vert, avec sept boutons argent. Parements blancs, en pointe, deux petits boutons. Retroussis verts fixés par un bouton, lisérés de blanc ; même passepoil à la patte d'oie verte prenant naissance dans les plis et retenue à la taille par un gros bouton argent. Brides d'épaulettes argent.

96 — Habit d'officier du 8e Cuirassiers. —

Habit bleu ; collet jonquille liséré de bleu ; revers jonquille carrés et droits, trois pointes ; doublure, retroussis (à quatre grenades argent) et parements jonquille, patte de parement bleue. Poches en long.

1802-1814.

97 — Habit d'officier supérieur du 8e Cuirassiers.

Habit bleu, boutonnant droit à neuf boutons, dégageant les cuisses ; basques très courtes, retroussis jonquille, quatre grenades d'argent; parements jonquille, ronds, à patte bleue et trois petits boutons. Attentes argent d'épaulettes d'officier supérieur. Le dos et les manches doublés en soie noire, formant matelassure aux épaules.

1802-1814.

98 — Cavalerie légère. — Garde d'honneur.

La pelisse et le dolman verts et la hongroise écarlate proviennent du même Garde. (Voir n° 99 et n° 119.)

Pelisse verte, fourrure noire; dix-huit tresses de laine blanche et cinq rangs de boutons; une attente en trèfle sur l'épaule gauche pour la banderole de giberne. Galons de taille, des sabots et de bordure, en laine blanche.

99 — Dolman vert à dix-huit rangs de tresses blanches.

Attente en trèfle à gauche. Collet écarlate. Parements écarlates, en pointe.

100 — Habit de Chasseur de la Garde.

Long, en drap vert, revers en pointe, doublé du même drap, parements rouges et en pointe; pattes d'oie dans les plis, vertes, lisérées de rouge, cors de chasse aurore aux retroussis. Un seul trèfle aurore.

101 — Lancier Rouge de la Garde Impériale.

Kurtka écarlate; collet, revers (coupés carrément), parements et retroussis en drap bleu impérial, passepoil bleu sur toutes les coutures. Boutons jaunes.

Une épaulette à patte et brins jaunes et à tournante bleue, un trèfle et une aiguillette jaune (à gauche), attentes jaunes.

Patte d'attente pour le ceinturon en drap écarlate, liséré de bleu.

102 — Garde Impériale. — Chasseurs à cheval.

Pelisse, dolman, culotte, ceinture, bottes et éperons, habit et aiguillettes, gants de peau, sabre et dragonne, ceinturon, buffleteries, mors, selle, étriers, provenant de J. Merme, Chasseur à cheval de la Garde impériale, retraité en 1814, auteur de mémoires publiés à Moûtiers en 1852 et d'une *Épître à son costume de chasseur à cheval de la Garde impériale du 1er Empire*, s. l. n. d.

La schabraque rouge à siège en mouton blanc, bordée d'un galon vert, a la même provenance.

Pelisse, en drap écarlate, dix-huit tresses aurore et cinq rangs de boutons, cordonnets d'attache à double raquette et glands en laine aurore, ganses plates et lisérés pareils. Bordure de fourrure noire, même fourrure aux fausses poches latérales et aux sabots qui portent chacun quatre boutons de cuivre.

Dolman, en drap vert, dix-huit tresses aurore et cinq rangs de boutons de cuivre; galons et passepoils aurore; collet vert, parements rouges; sabots ouverts.

Ceinture à nœuds, en laine, verte et rouge, cordons rouges.

Pantalon de peau jaune, collant, passant dans les bottes à sous-pieds et lacets.

Bottes à la hongroise, à cassures, rigides, passées à l'encaustique, talons bas, éperons de cuivre, semelles cloutées.

Sabre à fourreau de cuivre, les anneaux retenus par un lacet de cuir, lame très large, garde à une branche, dragonne ronde, blanche, à gland rond.

Sabretache, fond vert, broderie représentant les armes de l'Empire brodées en couleur, bordée d'un large galon aurore.

Buffleteries blanches, boucles de cuivre, crochets en S (monture des courroies de sabretache: particulière).

Gants de peau jaunes.

103 — Selle à la Hussarde, étui de hachette et fonte à pistolet, pommeau et troussequin de forme arrondie, étrivières, croupière, surfaix. Étriers en cuivre. — Mors. (Voir n° 102.)

104 — Schabraque rouge, devant garni de cuir..

Siège en peau de mouton blanche, galon vert, côtés en cuir, doublure en cuir et toile. (Voir n° 102.)

105 — Habit de Chasseur de la Garde.

Revers en pointe, doublure du même drap, collet rouge, parements rouges et en pointe, pattes d'oie dans les plis, vertes, lisérées de rouge, cors de chasse aurore aux retroussis.

Trèfles et aiguillette (à gauche) en laine aurore. (Voir n° 102.)

106 — Habit de Grenadier à cheval de la Garde Impériale.

Habit bleu, collet bleu, parements écarlates, aiguillette et contre-épaulette, grenades aurore aux retroussis.

A l'intérieur, sur la doublure de toile se trouvent le nom du grenadier à cheval : *Couron, 3e compagnie*, et un timbre noir donnant le millésime : 1. 1815.

407 — Garde Impériale. — Marin.

Le paletot, les épaulettes, le gilet, le pantalon, le schako, le plumet et son étui ont appartenu successivement à Godard et à Girard, matelots au 4e équipage du bataillon de la Garde Impériale.

Paletot de drap bleu impérial, orné de quinze rangs de tresses de laine aurore, à cinq rangées de boutons à l'aigle, dont celle du milieu du double plus large. Collet bleu, dessiné par un galon plat et bordé intérieurement d'un cordonnet aurore; fausses poches figurées par un galonnage pareil; parements écarlates, coupés en pointe, bordés des mêmes agréments, ouverts par-dessous et agrafés à la hussarde. Les sabots et les tailles du dos offrent les mêmes galons. Une épinglette de cuivre est passée à travers les tresses et les boutons.

Épaulettes de marin de la Garde Impériale, formées de treize rangs d'écailles de cuivre, terminées par une tournante de cuivre et fixées en haut par un bouton à l'aigle, en dessous par une patte écarlate, passant dans deux cordonnets d'attente et maintenue par une agrafe.

Pantalon large de drap bleu, avec un galon de laine aurore sur toutes les coutures et un trèfle à la hongroise sur les cuisses; boutons de corne pour sous-pieds.

Plumet rouge sur une olive de laine rouge. Le trou du plumet se trouve sur la calotte.

Étui à plumet rayé de minces filets tricolores. (Voir le schako au n° 33.)

108 — Habit de grand uniforme de Médecin aux Armées.

Habit en drap bleu barbeau, mêlé d'un huitième de blanc; doublure de même étoffe, sans revers, boutonnant sur la poitrine, dégageant sur les cuisses, croisé par derrière; collet droit, parements ouverts, poches en travers et à trois pointes. Velours noir au collet et aux parements.

L'habit est garni de neuf boutonnières en galon d'or sur chaque devant, deux au collet, trois sur les parements, trois sur les pattes des poches.

109 — Petit habit ou surtout de Commissaire des Guerres.

Habit, doublure, collet, parements en drap bleu de ciel. Broderie en argent au col et aux parements, représentant un cep de vigne entrelacé avec un ornement d'acanthe au passé en filé d'argent sans paillettes, bordée d'une baguette. Sept boutons sur le devant, deux sur les broderies de taille. Coupe droite, dégageant les cuisses.

BONNETS A FLAMME

110 — **Bonnet à flamme d'officier supérieur des Gardes. Louis XVI.**

Velours noir, large broderie de soie multicolore au devant, figurant un écusson couronné avec une grenade au centre, entre des trophées d'étendards et d'attributs; cordonnets d'or aux coutures, aux bordés; gland d'or à la pointe en corde à puits.

111 — **Bonnet de police d'officier de Hussards.**

Bleu, festons d'argent.

112 — **Bonnet à flamme de Grenadier de la Garde Impériale.**

En drap bleu, turban bordé d'un large galon aurore, une grenade aurore sur le devant; flamme longue, en pointe, à quatre liserés aurore, terminée par un gland aurore.

Sur la doublure intérieure, le millésime 1807.

CULOTTES

---

113 — Culotte d'officier de Hussards en drap écarlate.

Nœuds hongrois brodés et festonnés d'argent ; broderie double le long des coutures.

114 — Culotte blanche, brodée et festonnée.

115 — Culotte en peau, passée au jaune jonquille.

116 — Culotte de Chasseur de la Garde, jaunie à l'ocre.

117 — Pantalon de drap jaune, passant dans les bottes.

118 — Culotte de peau blanche.

119 — Culotte de laine blanche.

120 — Hongroise écarlate de Garde d'honneur.

Galon de laine blanche sur les coutures en fer de lance sur les cuisses. (Voir n° 98.)

121 — Un pantalon nankin à la hussarde.

GILETS

---

122 — Gilet d'officier de Hussards.

Drap rouge; galons, tresses et agréments argent.

Quatre-vingt-dix boutons argent.

123 — Gilet d'officier général.

Drap blanc, boutons dorés. Large broderie de branches de chêne d'or, et baguettes d'or à dents autour du collet, des devants et aux pattes des poches.

124 — Gilet écarlate: galons or, tresse or, soixante petits boutons or.

125 — Gilet de chirurgien.

En drap bleu; collet de velours rouge, broderies d'or; sept boutons au caducée.

126 — Gilet d'officier de Hussards.

Drap bleu de ciel. Galons et tresses argent, soixante-quinze boutons argent.

127 — Gilet de capitaine du 12e Hussards.

Drap bleu céleste, cinq rangs de dix-huit petits boutons argent, tresses plates autour du cou, des poches, en bordure et sur dix-huit rangs sur la poitrine.

128 — Gilet d'officier de la 3e demi-brigade. — Révolution.

En drap blanc, croisé; deux rangs de quinze petits boutons, timbrés 3, *République française;* collet droit, poches carrées, sans patte.

129 — Gilet de marin de la Garde Impériale.

En drap écarlate à quinze tresses aurore portant trois rangs de boutons de cuivre, galons aurore. (Voir n° 107.)

130 — Veste blanche d'officier de Grenadiers de la Garde.

MANTEAUX

131 — Manteau de Hussard ou Chasseur.

Drap vert, collet droit, rotonde, manches en botte, large jupe bordée ouverte au bas et en arrière.

Ce manteau ne porte aucune trace apparente de boutonnières et de boutons. Longueur de la jupe, $1^{m},05$.

1811 ou 1812.

132 — Manteau d'officier.

Manteau bleu, imperméable, en tissu gommé, collet renversé, en laine rouge, doublé et piqué sur la moitié de sa hauteur ($0^{m},20$); très longue rotonde bleue ($0^{m},70$); jupe bleue ($1^{m},25$). Doublure en laine rouge piquée de bleu. Manches en botte.

133 — Manteau d'officier de Chasseurs ou de Hussards.

Collet droit piqué, rotonde très courte couvrant les épaules. Jupe ample de $4^{m},80$.

134 — Manteau d'officier de Cavalerie légère.

En drap vert; collet droit, piqué, petite rotonde couvrant les épaules; sans manches; jupe très ample, mesurant plus de 4^{m},50 au tour du bas. Agrafe à têtes de lion et à chaînette dorées.

SABRES — ÉPÉES — CANNE
BAGUETTES

---

134 *bis* — Canne de tambour-major du 95e de Ligne, au millésime 1810.

Pomme, bout, chaînettes argent.

Haut., 1^{m},45.

135 — Baguettes de tambour en bois et buffle. — Révolution.

136 — Galons de tambour.

1812.

137 — Sabre d'honneur *offert par le Premier Consul au citoyen Sainglant, Chef d'escadrons au 3e Dragons.*

Garde à la coquille, argentée. Fourreau d'acier bruni. Sur la dorure de la lame, face gauche, on lit: *Bataille des Pyramides;*

sur l'autre face: *Expédition de Syrie, bataille de Nazareth*, et sur le dos: *Affaire des quatre cents braves.*

138 — Sabre de bataille du Commandant Sainglant, en Egypte.

Fourreau très effilé, cuir et cuivre. Lame en forme d'épée. Dragonne de cuir.

139 — Sabre d'honneur donné par le *Premier Consul au citoyen Quenel, Maréchal des Logis au 5e Chasseurs.*

Fourreau bronzé. Garde argentée à une branche. Dragonne argent et laine rouge.

140 — Sabre d'officier d'État-Major.

Fourreau fer, garnitures cuivre, garde ornée. Lame terminée en dents de scie.

141 — Sabre d'officier de Dragons. — Premier Empire.

Fourreau cuir et cuivre.

142 — Sabre d'officier. — Révolution.

Garde perlée.

143 — Sabre de cavalerie. — Révolution.

143 *bis* — Sabre de Chasseurs à cheval de la Garde Impériale (troupe).

(Ce sabre a été donné également aux Lanciers Polonais de la Garde.)

144 — Sabre de Cuirassier ou de grosse cavalerie. — Révolution.

Large lame plate ; poinçon au faisceau de licteur surmonté d'un bonnet phrygien.

Fourreau et sabre de dimensions extraordinaires.

145 — Sabre de Cuirassier. — 1812.

Fourreau en cuir. Dard et bracelets en cuivre; pointe à biseau.

146 — Sabre de Cuirassier, antérieur à 1812.

Fourreau cuir et cuivre; à double tranchant vers la pointe.

147 — Sabre de Cuirassier. — Premier Empire.

Fourreau fer.

148 — Sabre *dit* d'officier d'Artillerie de la Garde.

Fourreau cuivre et cuir; lame bleuie, aigles dorés.

149 — Sabre d'officier des Marins de la Garde.

Cordonnet de suspension de laine noire et jaune. Inscription sur la lame : *Marins de la Garde Impériale.*

150 — Sabre courbe de Marin de la Garde (troupe).

Fourreau cuir et cuivre ; lame recourbée portant l'inscription : *Marins de la Garde Impériale.*

151 — Sabre d'officier de Cavalerie. — Révolution.

Bonnet phrygien sur la garde, lame droite.

152 — Sabre de Hussard. — Révolution et Empire.

Fourreau cuir et cuivre.

153 — Sabre de Hussard. — Révolution et Empire.

Avec sa dragonne de laine ronge.

154 — Sabre d'officier de Lanciers.

Fourreau fer et cuivre.

155 — Sabre d'officier d'État-Major.

Forme à la turque. Poignée et dard dorés.

156 — Sabre d'officier de Hussards. — Révolution et Empire.

Garde à une branche. Garnitures de cuivre très ornées.

157 — Sabre de Chasseur à cheval.

Avec ceinturon et dragonne.

158 — Sabre d'officier du 11e Chasseurs à cheval.

Ceinturon à plaques à l'aigle. Dragonne d'or.

159 — Sabre de Chasseur à cheval du 24e régiment.

Le numéro et l'initiale se trouvent sur la garde.

160 — Sabre d'officier d'État-Major.

Manufacture de Boutet.
Forme à la turque, garnitures en acier.

161 — Sabre d'officier de Chasseurs à cheval de la Garde Impériale. — Grande tenue.

Fourreau entièrement décoré et doré.
Lame dorée, avec l'inscription au dos : *Chasseurs à cheval de la Garde Impériale.*

162 — Sabre, ceinturon, bélières et sabretache d'officier de Chasseurs à cheval de la Garde Impériale. Tenue de campagne.

Sabretache de cuir noir. Au centre de la sabretache un attribut unique : une grande couronne impériale dorée.

Sabre à la chasseur. Garde à trois branches.

Au dos de la lame : *Chasseurs à cheval de la Garde Impériale.*

Ceinturon et bélières noirs.

163 — Sabre de Grenadier à cheval. Garde Impériale.

Ceinturon, plaque, bélière et dragonne.

164 — Briquets, baïonnette et baudriers d'infanterie.

165 — Briquet, baudrier et dragonne verte d'infanterie légère.

La garde est montée sur un sabre arabe.

166 — Briquet sans fourreau et ceinturon de soldat du train d'artillerie.

167 — Briquet d'artillerie à pied de la Garde Impériale et son fourreau de cuir à dard de cuivre.

Poignée sans garde à tête d'aigle.

168 — Sabre d'officier des Chasseurs à pied de la Garde Impériale, avec son fourreau.

169 — Sabre d'officier des Grenadiers à pied de la Garde Impériale.

170 — Une épée d'officier d'État-Major, forme colichemarde.

171 — Un ceinturon d'épée, blanc, bordé d'or.

172 — Une épée d'officier d'infanterie. — Premier Empire.

173 — Une épée d'officier d'artillerie. — Premier Empire.

GIBERNES

---

174 — Giberne d'infanterie avec sa banderole.

175 — Giberne d'infanterie avec sa banderole.

176 — Giberne d'officier de Chasseurs à cheval, Garde Impériale.

Banderole cloutée. Cor de chasse sur la pattelette.

177 — Giberne d'officier de Cavalerie (ou d'État-Major).

Cuir rouge; aigle doré.

178 — Giberne d'officier de Cavalerie (ou d'Etat-Major).

Cuir rouge; aigle doré.

179 — Giberne d'officier de Cavalerie.

Cuir rouge; aigle argenté.
Grande dimension.

180 — Giberne d'officier de Cavalerie.

Cuir rouge; aigle argenté.

181 — Giberne d'Infanterie de la Garde Impériale.

Grand aigle au centre; aux angles, des grenades tournées au dehors.
Buffleterie.

182 — Giberne de Cavalerie légère avec sa banderole.

183 — Giberne de Cavalerie avec une partie de la banderole.

184 — Buffleteries de sapeur.

Étui de hache avec banderole garnie de pattes de lion en cuivre et cartouchière aux haches croisées et grenades.

Sabre à tête de coq, banderole à tête de Méduse.

CUIRASSES

---

185 — Cuirasse de Cuirassier. — Premier Empire.

186 — Cuirasse de Carabinier. — Premier Empire.

187 — Cuirasse d'officier de Cuirassiers. — Premier Empire.

Entièrement argentée, bordure de branches de chêne gravée ; bretelles à écailles et pattes dorées. Matelassure et garniture de cuirasse en drap rouge bordé d'argent.

SABRETACHES

---

188 — Sabretache d'officier du 5e Chasseurs. — Premier Empire.

Drap vert, nº 5 en cuivre argenté entre deux branches de chêne brodées.

189 — Sabretache d'officier du 1er régiment des Gardes d'honneur.

Cuir verni. Aigle et nº 1 argentés.

190 — Sabretache d'officier du 12e Hussards. — Révolution et Consulat.

Drap bleu céleste, galons et broderies argent, nº 12.

191 — Sabretache de troupe, 10e Hussards. — Révolution.

Drap rouge et broderies de laine, nº 10.

192 — Sabretache du 4e Hussards. — Premier Empire.

Drap rouge, galons jaunes.

193 — Sabretache d'officier d'Etat-Major.

Aigle doré au centre.

194 — Sabretache de Troupe.

OBJETS DIVERS

195 — Pistolets : Royal-Carabiniers, Chevau-Légers, Artillerie-Emigrés, Révolution, Empire.

196 — Étriers de Grenadier à cheval.

197 — Étriers d'officier général.
Cuivre doré.

198 — Mors de bride d'officier général.
Cuivre doré.

199 — Mors de Grenadier à cheval.

200 — Huit mors de Cavalerie. — Révolution et Premier Empire.
(Sera divisé.)

201 — Plusieurs paires d'éperons. — Révolution et Premier Empire.

(Sera divisé.)

202 — Plusieurs plaques de sabretache et de schako (officiers et troupe).

(Sera divisé.)

203 — Environ cinquante paires d'épaulettes.

Or, argent, laine et or ou argent. Depuis l'origine de l'épaulette jusqu'en 1815.
(Sera divisé.)

204 — Environ trente dragonnes or et argent, cuir, laine.

(Sera divisé.)

205 — Quatre hausse-cols.

206 — Ceinturons d'officiers et de troupe.

207 — Gants à crispin et gants courts.

208 — Étui gommé pour schako.

209 — Étui de giberne en toile.

210 — Aiguillettes argent et laine et argent.

211 — Sac de soldat. — Premier Empire.

212 — Portemanteau de Hussards. — Compagnie d'élite.

Drap rouge. Grenade.

213 — Fusil d'honneur *décerné par le Premier Consul au citoyen Boucher, sapeur de la Garde des Consuls pour s'être distingué à la bataille de Marengo.*

Garnitures argent.

214 — Fusil de Dragon avec baïonnette.

215 — Fusil rayé d'officier d'Infanterie légère.

216 — Carabine rayée, petit modèle.

217 — Baudrier porte-mousqueton avec crochet.

218 — Mousqueton à tringle de cavalerie légère.

PEINTURES

219 — Portrait équestre du Baron Dard, colonel du 24e Dragons.

Le fond représente un combat de dragons en Egypte.

Peinture sur bois.

Une notice biographique manuscrite jointe au tableau dit que le Baron Dard *se reconnaît dans le sublime tableau de la bataille du Caire sous les traits de ce jeune Dragon, qui abat la main d'un mameluck, dont le bras était levé pour frapper le général en chef...*

220 — Portrait du colonel Martenot-Chadelas de Cordoue, de la Garde Impériale.

Surtout bleu, grosses épaulettes. Armes de baron de l'Empire, en haut à gauche.

221 — Portrait de M. Passerieux, officier de Chasseurs à cheval de la Garde Impériale.

En frac vert, aiguillettes et épaulette, gilet rouge tressé. A l'angle gauche, en haut, ses armes de chevalier de l'Empire.

Haut., 0m,70.

222 — Portrait d'officier d'Artillerie à cheval de la Garde Impériale.

Dolman et pelisse, charivari à bandes d'or. Sabretache rouge et or.

Haut., 0m,60.

223 — Portrait d'officier du 11e Dragons.

Buste, grandeur nature.

Haut., 0m,80.

224 — Portrait d'officier supérieur du 20e Dragons. Avant 1812.

Peinture sur bois.

225 — Portrait d'officier d'État-Major. Révolution ou Consulat.

Haut., 0m,53.

226 — Portrait d'officier d'État-Major.

Habit-veste bleu, pantalon nankin, claque. Peinture sur cuivre.

227. — **Portrait de Dragon.**

Revers et collets rouges.

228 — **Portrait d'officier de la Gendarmerie d'élite Garde Impériale.**

En surtout, aiguillettes et épaulette argent.

229 — **Portrait d'officier d'Artillerie à pied de la Garde Impériale.**

Habit bleu, boutons à l'aigle, aiguillettes dorées.

230 — **Portrait d'officier d'Infanterie de ligne, compagnie de Voltigeurs.**

Sur une enveloppe que tient la main du personnage, on lit : « Service militaire. — A Monsieur J.-F. Ducommun, capitaine au 62e de Ligne, à Naples. »

Haut., 0^{m},72.

231 — **Portrait de volontaire de la Révolution.**

232 — **Portrait équestre d'un Maréchal des logis de la Compagnie d'élite du 1er Hussards.**

Le fond représente un combat avec les Autrichiens,

1808.

Haut., 0^{m},59. Larg., 0^{m},72.

233 — Officier d'État-Major.

Brassard rouge et or.

234 — Portrait équestre d'un brigadier du 7e Hussards.

Peinture.

235 — Portrait d'un Capitaine de Hussards, aide de camp de général de division.

Manteau bleu foncé, pelisse bleu de ciel, tresses or, pantalon rouge bande or, brassard rouge.

Dans le fond du tableau, un épisode de la campagne de Russie.

Peint par Juski, 1826.

Haut., 1m,00.

236 — Portrait du général Lefebvre-Desnouettes, commandant du régiment des Chasseurs à cheval de la Garde Impériale.

Dolman vert, pelisse rouge, pantalon rouge.

237 — Un officier de Carabiniers. 1815.

Casque et cuirasse.

238 — Portrait de Dragon du 3e régiment (avant 1812).

Habit vert, revers rouges, casque à la Minerve, sabre et ceinturon.

Haut., 1m,05.

239 — Un Lieutenant du 9e Cuirassiers, Premier Empire.

Peint en 1851.

240 — Portrait d'un brigadier-fourrier du 5e Dragons.

Épaulettes blanches, pattes à écailles, galons argent, brisque. Habit coupé carrément.

Haut., 0m,20. Larg., 0m,15.

241 — Portrait d'officier du 1er Hussards.

Colback en peau de renard, cordonnet argent, plumet blanc, pelisse bleue, dolman rouge.

Peint en 1790.

242 — Portrait équestre d'officier du 10e Hussards.

Aquarelle.

243 — Portrait d'un officier supérieur du 133e d'Infanterie.

En habit de route, le revers boutonné croisé.

244 — Le duc d'Orléans, à cheval, en costume de colonel, de Colonel-Général de Hussards.

A droite, un aide de camp ; à gauche, un officier. Dans le fond, défilé du Régiment. Vers 1789.

Haut., 0m,80. Larg., 1m.

245 — Portrait d'officier supérieur de Cavalerie légère.

Frac bleu, grosses épaulettes, banderole de giberne rouge, galons et boutons dorés.

246 — Portrait d'un colonel du 31e Chasseurs.

Peint par Renaud, décembre 1813.

247 — Portrait du colonel Henri, commandant le 24e d'Infanterie.

1814-1815, première Restauration.

248 — Portrait d'officier de Hussards.

Pelisse blanche, dolman bleu, agréments or.

Haut., 0m,60.

249 — Revue des Gardes Françaises et des Gardes Suisses.

Aux premiers plans, vingt-neuf officiers, sergents, tambours, musiciens, etc., des deux

Gardes, tous disposés de façon à présenter les détails du costume, de l'armement, de l'équipement. Hauteur des personnages, environ 0m,20.

Dans le fond, à gauche, le colonel, les musiciens, les grenadiers et les gardes, les sapeurs, les tambours, les drapeaux, les canons des Gardes Françaises ; mêmes dispositions à droite pour les Gardes Suisses.

Époque Louis XVI.

Haut., 0m,50. Larg., 0m,85.

250 — Portrait de colonel du 6e Chasseurs. — Révolution.

Caraco et pantalon verts, collet jaune, ceinture jaune, banderole de giberne jaune et argent, sabretache verte, broderies argent avec le nº 6 ; mirliton noir à flamme jaune, tresses argent, plumet noir et jaune ; équipage du cheval à la hussarde, schabraque en peau de tigre bordée de jaune.

Dans le fond, le régiment en marche.

Peint par Dryander, à Sarrebruck, 1795.

251 — État-Major. — Portrait de capitaine aide de camp de général de division.

Habit bleu, boutons dorés, épaulette d'état-major ; gilet rouge tresse, brassard or et rouge et cordons de sabre passés en fourragère sur l'habit.

Peint à Rome, 1810.

252 — Portrait du capitaine Desmoulins, officier d'ordonnance de Napoléon Ier. 1815.

Habit de grande tenue, bleu clair; broderies, épaulette et aiguillettes d'argent.

253 — Portrait de colonel des Lanciers Rouges de la Garde Impériale.

En frac bleu, collet rouge; épaulettes et aiguillettes.

254 — Portrait d'officier d'ordonnance de l'Empereur.

Habit bleu clair, broderies, manteau bleu foncé.

255 — Portrait d'officier général de la Garde Impériale.

Habit de grande tenue. Grosses épaulettes et aiguillettes d'or.

256 — Portrait de sous-officier de Chevau-Légers Lanciers. — 7e Régiment.

Haut., 0m,45.

257 — Tableau représentant un général en chef et un aide de camp. — Révolution.

Le général en tenue de campagne, chapeau bordé d'or à plumet tricolore, habit de campagne, sabre de grosse cavalerie, dragonne tricolore. Harnachement du cheval à la hussarde, brides à la coquille, schabraque en peau de tigre, bordée d'or et d'étoffe rouge.

L'aide de camp, en habit de campagne, une grosse épaulette, chapeau sans bordé, plumet à la pomme de pin, blanc et rouge. Schabraque tigrée, bordée de bleu, sabre à la hussarde, dragonne tricolore.

Peint par Dryander, à Sarrebruck. 1794.

MINIATURES

---

258 — Un officier du 7e Hussards. — Révolution.

259 — Le colonel Jacqueuret du 67e de Ligne.

Surtout bleu, collet rouge.
Une inscription au dos du cadre.

260 — Portrait du commandant Joubert, major au 14e de Ligne (ex-Légion de l'Eure).

Habit et revers blancs, collet et passepoils rouges.

261 — Portrait d'officier supérieur de Cavalerie légère. Avant 1812.

Habit vert, revers verts, passepoil argent, collet rouge, épaulettes argent, pattes or.

262 — Officier d'infanterie. — Empire.

263 — Portrait d'officier de Chasseurs à cheval.

Caraco vert, collet rouge, tresses argent.

264 — Chevau-Légers Polonais.

A gauche, son schapska.

265 — Major d'infanterie de Ligne.

Surtout bleu. Épaulettes or, pattes argent.

266 — Portrait du colonel Salomon de Feldeck, commandant le 2e de Cuirassiers. — Restauration.

267 — Officier d'artillerie. — Révolution.

268 — Portrait d'Henri Moreau, musicien au 95e de Ligne. — Empire.

Surtout bleu. Pattes d'épaules blanches. Schako sans plaque.

269 — Colonel du 3e Dragons. — Égypte.

270 — Un colonel de la 32e demi-brigade. — Révolution.

(Le numéro se lit dans les boutons.)

271 — Officier d'infanterie. — Révolution.

Chapeau à cornes.

272 — Tambour-major d'Infanterie de Ligne. — Empire.

273 — Lancier Rouge de la Garde Impériale.

274 — Sous-officier de la Vieille-Garde.

275 — Sous-officier de Voltigeurs, infanterie de Ligne. — Empire.

Collet jaune. Épaulettes vertes, tournantes or.

276 — Colonel d'un régiment de Jeune-Garde (attaché aux Grenadiers).

AQUARELLES

277 — Grande Aquarelle rehaussée de gouache, titre manuscrit.

Inscription : *Bataille et charge des chasseurs et chevau-légers Polonais de la Garde Impériale contre la cavalerie autrichienne, le 6 juillet 1809.*

Fait d'après l'idée, sur les lieux, par Chevalier, de la Garde Impériale.

Haut., 0m,53. Larg., 0m,70.

278 — M. de Brack, colonel de Hussards.

Aquarelle.

279 — Chevau-Légers lanciers Polonais chargeant des Autrichiens dans un village.

Officier, sous-officier et lanciers en tenue de campagne ; les schapskas dans leurs enveloppes cirées.

280 — Portrait de cavalier du 1er Chasseurs. — Révolution.

Mirliton à flamme enroulée, plumet, tresse et cordonnet.

Aquarelle.

281 — Portrait de Garde d'honneur. 1813.

282 — Portrait d'officier de Chasseurs à cheval de la Garde Impériale. Tenue de campagne.

Dolman et charivari verts, tresses et galons or, colback, banderole de giberne rouge, sabre à la chasseur, talons de bottes et éperons dorés, schabraque rouge, portemanteau vert.

Dans le fond, des Chasseurs à cheval en dolman, manteau roulé, surculottes gris à bandes écarlates, combattent des Cosaques.

Aquarelle.

Haut., 0m,63. Larg., 0m,84.

283 — Portrait équestre de Petit, brigadier au 19e Chasseurs.

Aquarelle.

284 — Affiche en couleurs. Affiche de racolement. 9e Chasseurs à cheval, vers 1790.

285 — Portrait de Hussard du 3e régiment.

Pastel.

286 — Portrait de colonel du 80e d'infanterie. 1789.

Habit blanc, revers bleus.
Pastel.

287 — Portrait d'officier des Grenadiers à cheval de la Garde Impériale.

Peint sur velours.

288 — Sept portraits au pastel d'officiers du 8e Hussards au Consulat : chef d'escadrons, capitaines, lieutenants.

Deux officiers tiennent leur colback en main ; un capitaine tient un schako à flamme. Le chef d'escadrons est le commandant Becker.

Haut. moyenne, 0m,50.

289 — Portrait de colonel des Chasseurs à cheval de la Garde Impériale.

Pelisse rouge, dolman vert, sabretache verte, colback posé sur un meuble. Plus loin, sur un guéridon, une carafe, un verre d'eau et une pensée, une lettre à Mme Raucour.

Pastel.

Haut., 0^{m},44.

290 — Sous ce numéro seront vendus les objets non catalogués.

17169. — Lib.-Imp. réunies, rue Mignon, 2, Paris.

www.ingramcontent.com/pod-product-compliance
Ingram Content Group UK Ltd.
Pitfield, Milton Keynes, MK11 3LW, UK
UKHW020346180726
13839UKWH00002B/939